Ein Mensch
Von Gestern... Heute

Heitere Gedichte

Über das allzu Menschliche
Kneipp mit Doppel-Pe
Sammelsurien

Gesehen, Gedacht und Gedichtet
von
Gisela Fiting-Roeder

Weitere Bücher von (Gisela) Giselle Roeder:

„Healing with Water – Kneipp-Hydrotherapy at Home"
2000, ISBN 1-55312-011-6 - auch in Polnischer Sprache,
Italienisch und Indien.

„Sauna - The Hottest Way to Good Health"
2001, ISBN 1-55312-034-5

„We Don't Talk About That" - An Amazing Story of
Survival/ WWII
2014, ISBN 978-1-4602-3208-8
e-book 978-1-4602-3209-5

„Forget Me Not" - A Bouquet of Stories, Thoughts and
Memories
2016, ISBN 978-0-9949977-0-8
e-book 978-0-9949977-1-5

Webseite: www.giselleroeder.com

Bucheinband und Fotos von G. Roeder & T. Cradduck

Widmung

Für Gerhard Sixta, der mich mit „Ein Mensch" von
Eugen Roth bekannt machte,

Für alle Mitglieder meines Poeten-Clubs in Vancouver.
Bei unsern Vorlesungen glaubten sie unbekannte
Gedichte von Eugen Roth zu hören.

Für alle Liebhaber der wundervollen Gedichte von
Eugen Roth nun der „zweite Gang",

Für meinen Sohn Eric Markus, der, obwohl vor fünfzig
Jahren in Kanada geboren und aufgewachsen, noch
deutsch spricht – und es auch lesen kann!

Wahlverwandtschaft

Ein Mensch zu seinen Wurzeln stieg -
Erzielte damit einen Sieg.
Er fand ein Buch, das einst ihn bannte
Und gab's dem Weib, die das nicht kannte.
Vom Dichter war's - der viel geschrieben
Von Reiseleitern und von Dieben.
Nun stellt sich 'raus, der alte Grantler
War von dem Weib ein Wahlverwandter:
Indem dass sie „Ein Mensch" entdeckt
Hat sie den Alten aufgeweckt.
Der Mensch hingegen denket scheu:
Du, Rother Eugen, nun auf's neu?

Gerhard Sixta

Vorwort:

Niemand kann so ein Büchlein ohne jegliche Hilfe
und Aufmunterung von Freunden zusammenstellen. Ich
habe die ersten beiden Teile „Mensch-liches" und
„Kneipp mit Doppel-Pe" gedichtet, so, wie die Verse
mich überfielen. Zu Zeiten war es sogar so, dass ich
anfing in Versen zu denken. Der grosse Anstoss dazu
kam von Gerhard Sixta.

Der letzte Teil, „Sammelsurien", besteht aus Gedichten
von anderen Amateur-Dichtern. Sie haben mich damals
begeistert weil sie zeitgemäss waren. Der Grossteil ist
aus der ehemaligen Kanadischen Deutschen Zeitung, die
Autoren sind angegeben - so weit bekannt.

Karin und Siegfried Hildebrand waren gute Zuhörer bei
Lese-Kostproben. Karin hat die hübschen Steine bemalt.
Wie auch schon mit meinen letzten zwei englischen
Büchern, ohne meinen Partner, Trevor Cradduck, der
meine Gedicht-Sammlung in „Buch Form" brachte, wäre
ich sozusagen ‚verloren'. Ihm gehört besonderer Dank.

Für jegliche Hilfe danke ich allen Freunden von Herzen.

Gisela Fiting-Roeder
Nanaimo B.C. Canada
2017

Inhaltsverzeichnis

MENSCH-LICHES:

Vielgeliebter Eugen Roth

Ein Mensch, vor hundert Jahr'n geboren
Hat sich 'nen Nachfolger erkoren.
Ein Weib, das auch noch ohne Frag'
Am selben Tag Geburtstag hat.
„Ein Mensch" - so schreibt sie - „ist nicht tot,
Vor allem nicht der Eugen Roth."
(24. Januar 1895 – 28. April 1976)
In ihr wird Eugen Roth nun „Röder" –
Doch ist sie nicht so'n Schwerenöter.
Der Mensch von gestern, lebt er heute?
Urteilt selbst, ihr lieben Leute!

Gisela Fiting-Roeder

„Mensch-liches"

Das Gefühl

Ein Mensch, der hatte ein Gefühl
Das er denkt, ist gefährlich.
Er sprach davon zu einer Frau -
Doch die sagt, „Mensch, sei ehrlich!
Das ist doch einfach wunderbar,
In deinem Alter einfach rar,
Sei glücklich, denn, oh c'est la vie,
Es gibt dir neue Energie -
Und frischen Schwung in deinen Schritt,
Du reisst auch alle andern mit,
Erreichst, was du fast nicht gedacht,
Weil plötzlich alles Freude macht.
Nein, das Gefühl ist nicht verkehrt,
Ist mehr als alles and're wert.
Es gibt dem Leben erst den Sinn
Durch den du fühlen kannst 'Ich bin'."
Der Mensch, nun solcherart beraten,
Fand Mut und Kraft zu neuen Taten.
Doch manchertags, da dacht' er ehrlich
Das ganze Leben sei gefährlich.
Hat Angst vor seinem eig'nen Mut
Und fühlt sich wieder wen'ger gut.
Wie schön wär' es in jedem Leben
Würd's Pep-talk alle Tage geben!

Der Cowboy und sein Hut

Ein Mensch, der kaufte einen Hut
Im Texas-Stil, er stand ihm gut.
Er sah im Spiegel sich schon reiten
Über ungeahnte Weiten.
Er fühlte stark ein déjà vu -
So kauft er Cowboy Hosen gleich dazu.
Verspricht sich selbst - und dem Geschick -
Ein Pferd, und kost' es das Genick.
Ist sicher, dass in früher'n Leben
Er war den Pferden hingegeben.
Er denkt, er fühlt, er wird ganz heiter
Und wird ein immer bess'rer Reiter.
Man sieht sogar an seinem Schritt
Ein Pferd läuft in Gedanken mit.
Wie er stolz das Halfter halte,
Wie Hufeisen auf's Pflaster knallte,
Wie Pferdeäpfel, weich und warm,
Den Weg bezeichnen den er nahm.
Der Mensch, zu Hause angekommen,
Hat's Telefon gleich hergenommen;
Ammoniak-Duft noch in der Nase
Kam er nun in die zweite Phase.
Er fand den Platz, wo auf den Pferden
Man finden konnt' das Glück der Erden.
Er buchte seine erste Stunde
Und kam fantastisch durch die Runde.
In der zweiten war er dann
ein gekonnter Texas Mann.

Heiratsvermittlung

Ein Mensch, der suchte eine Frau,
Wie er sie wollt' - wusst er genau.
Sie sollte schöne Beine haben,
Er liebte wohlgeformte Waden.
Auch soll sie mögen Schiller, Goethe -
Auf dass sie geistig ihn erhöhte.
Wenn sie dann auch noch wohl-gekleidet
Dass alles ihn um sie beneidet
Und kochen könnte, welche Lust
Er finden könnt' an ihrer Brust.
So träumte er und wusst' nicht wie
Er hätte können treffen sie.
Da, eines Tag's, ganz unverhofft,
Erreicht ein Brief ihn mit der Post.
Ein Fragebogen voller Fragen:
Wie er ,sie' möcht' soll er nur sagen,
Man würde ganz gewiss sie finden,
Er müsst' sich nur vertraglich binden.
Der Mensch, der dies erheiternd fand,
Er unterschrieb mit leichter Hand
Gleich fuer zwei Jahre, da er dachte,
Dass dies die grösste Hoffnung brachte.
Die grosse Zahlung tat kaum weh
Für Partnerschaft durch's Portemonaei.
Auszusuchen, anzuschauen versprach man
Ihm dann siebzehn Frauen.
Der Mensch, er dacht' mit scheuer List,
Dass dies ein gut's Investment ist.

EIN MENSCH

Als er dann, nach fast fünf Wochen,
'nen weitern Brief hat aufgebrochen,
Klopft erwartungsvoll sein Herze:
Da stand der Nam' der Frauen erste.
Sie redeten am Telefon;
Er hat zwei Kinder, sie ein'n Sohn,
Doch meint er bald man sollt' sich seh'n
Um auszuloten das Versteh'n.
Gesagt, getan. Es wurd' gemacht
Und es begann 'ne Wörterschlacht.
Sie hatten sich soviel zu sagen
Bis weit zurück zu Kindertagen.
Sie fand ihn jung, er sie zu stolz
Und doch war'n sie vom gleichen Holz.
Man traf sich dann so oft es ging
Bis sie ein bisschen Feuer fing.
Er taute auf, es wurde nett -
Und schliesslich landen sie im Bett
Wo ihn, natürlich, unbefangen,
Die schönen Beine fest umschlangen.
Doch denkt er nun, was ein Malheur -
Was mach' ich nur mit sechzehn mehr?

Der Schnarcher

Ein Mensch schnarcht eine Symphony -
Ergeben lag daneben sie.
Tonleiter 'rauf und wieder 'runter,
Jetzt Pianissimo, dann wieder munter…
Allegro, Andante - jetzt ist sie entspannt,
Sinkt selber hinüber in's Träumerland.
Fortissimo! Der Ton kippt ab!
Es ist so still wie in einem Grab.
Er atmet nicht mehr. Was kann sie nur tun?
Ihr Herze klopft, sie kann doch nicht ruh'n -
Da! Ein weiches Adagio, wie ferne Bahn -
Ein Rondo. Ganz leicht nun der Atem kam.
Sie schickt ein Gebet zum Himmel hin
Und kuschelt sich näher noch an ihn.
Das Rondo hält an, doch entwickelt sich bald
Zum Allegro Vivace! Gott schütze den Wald!
Sie legt ihm ganz sachte die Hand auf den Bauch
Und meint, wenn er schnarcht, dann atmet er auch.
So liess ihm die Gute die Symphony -
Doch schlaflos und müd' lag daneben sie.

Picknick...

Ein Mensch fährt seine neue Liebe
In die umgebenden Wälder.
Er hält auf einem höher'n Berg
Mit Blick auf Flüsschen und Felder.

„Hier müssten wir heut' picknicken"
Meint er, ganz selbstvergessen,
Sie - schaut errötend zu ihm auf:
„Mensch, ich möchte lieber erst essen..."

Lass' es ein schönes Baby sein

Ein Mensch ist schwanger und hoffte sehr
Dass es ein kleiner Junge wär.
Doch oft ging's ihr so gar nicht gut,
Nur Hoffnung gab ihr stets neuen Mut.

Sie sah ihren zwei kleinen Töchtern zu,
Während sie genoss die Nachmittagsruh.
Es war so still, die Sonne wärmte
Sie freut sich wie die jüngste vom Baby schwärmte.

Die kleinen Mädchen, sie konnten kaum warten,
Spielten mit ihren Puppen im Garten.
Sie zogen sie an, sie zogen sie aus,
Eine Puppe war Baby, die süsse Maus.

„Ich hoffe dass wir ein schönes Baby kriegen,
So gern möcht ich's auf den Armen wiegen.
Und hoffentlich wird Mammi wieder gesund
Und das Baby wiegt nicht zu viele Pfund.

Komm lass' uns beten für ein schönes Babykind,
Damit wir dann dreie zum Spielen sind."
Mit hängenden Köpfchen, gefalteten Händen,
Bitten sie Gott Böses abzuwenden.

„Komm, Herr Jesus, sei Du unser Gast –
Und segne, was Du uns bescheret hast.
Amen."

Viva Italia!

Ein Mensch fährt mit dem Omnibus
In die Stadt des Romulus;
Er besucht die Katacomben -
Die nicht geschaffen von den Bomben.
Hier ruh'n zwanzig Meter tief
Christen, die Gott zu sich rief
Viel zu früh aus ihrem Leben,
Das für ihn sie hingegeben.
Cècilia rührt ihn bis an's Herz.
Er nachempfindet jenen Schmerz
Den dieses wunderschöne Kind
Vom Henker-Schwert am Hals empfing.
Drei Finger waren ausgestreckt
Als man ihr Grab einstmals entdeckt.
Das Zeichen war Gott, Geist und Sohn.
Sie ist der Musik' Schutzpatron.
Der Mensch fährt weiter durch die Stadt
Von der er viel gesehen hat.
Das Kollosseum, kolassal,
Theater grösstes, welt-global;
Zigtausend Sitze, achtzig Tore,
Kämpfe, Spiele, Brot, Amore -
So war'n einst glücklich Römermassen;
Politik war Sach' der ober'n Klassen.
Zum Trevi Brunnen must er geh'n
Der, restauriert, ganz wunderschön.
'ne Münze wirfst Du, Schulter links,
Auf das das Schicksal Glück Dir bringt.

Will Liebe Dir das Herze bersten
Wirfst Du 'nen zweiten nach dem ersten.
Wirfst Du noch einen dritten 'rein
Darfst wieder Du alleine sein.
Das ganze Geld ist, glaub' mir schon,
Für arme Kinder der Stadt Rom.
Die Spanische Treppe im Zentrum der Stadt
So gar nichts spanisches an sich hat.
Hier treffen sich Künstler, Poeten und Diebe,
Die Jugend, Touristen - oft gibt es Hiebe.
Die Kirche, die man weiter oben erschaut
Ist von einem französischen König erbaut.
Kirchen gibt's, mehr als zweihundert,
Ein paar hat unser Mensch bewundert.
Das Pantheon, die Laterano,
San Pedro dann im Vatikano -
Die grösste Kirche in der Welt,
Erbaut mit aller Gläub'gen Geld.
Das Heiligste, Sankt Petrus' Grab
Von Päpsten viel Gesellschaft hat.
Hundertfünfundsiebzig Hüter
Der Religion, der Kirche Güter,
Machten hier nach ihm Geschichte -
Warten auf das jüngst' Gerichte.
Sie schlafen unter'm Kirchenboden.
Der neue Papst, der wohnt ganz oben:
Beim ersten Fenster, dem daneben
Soll er oft seinen Segen geben.
Der Petersplatz ist riesengross,
Die Collonaden, ganz famous.

EIN MENSCH

Zum Obelisk dort, in der Mitte,
Der Mensch nun lenket seine Schritte.
Da ist ein Punkt- so an der Seite -
Du siehst von Säulen keine zweite,
Obwohl vier hinter'nander steh'n
Kannst nur die allererste seh'n.
Zum Papst-Museum ging er dann
Zu sehen was man sehen kann:
Die Kunst, den Luxus, die Gemälde;
Überwältigt, müde gar in Bälde
Lief er durch endlos lange Hallen,
Durch die wohl nachts die Geister wallen.
Dann, endlich, kommt zum Besten er -
Hier steht ein Riesen-Touristen-Heer:
Alle die Köpfe zur Decke erhoben,
Alle die Hälse nach hinten verbogen,
Offene Münder, staunende Augen,
Man konnte der Farben Leuchtkraft kaum glauben.
Michelangelo hat hier das grösste geschaffen:
Die Schöpfung der Menschheit (nicht von den Affen),
Adam und Eva im Paradies,
Die Szene, wo man sie verstiss.
Propheten, Sybillen, die Schaffung vom Licht -
Vergessen war Noah's Arche nicht.
Die Sterne, die Pflanzen, das Wasser, die Erde,
Gott-Vater im Himmel, sagend „Es werde" -
Und dann hinterm Altar, das Jüngste Gericht
Auf blau, das vergisst er sein Lebtag nicht.
Dazu Pintoricchio, Signorello,
Ghirlandaio, Botticello,

Perugino und Roselli,
Bilder von gewalt'ger Kraft
Haben die Sistina berühmt gemacht.
Der Mensch, nachdem er sie geseh'n,
Sagt erschöpft „ja, Rom ist schön".
Er wird ganz still, sagt gar nichts mehr,
Doch denkt,
„Nach Rom muss ich noch 'mal wieder her."

Urlaubserfolg

Ein Mensch liebt die Sonne, den weissen Sand
weil's Verlieben so leicht im warmen Land.
Der weite Himmel, das blaue Meer
Bringt Scharen von kleinen Amors daher.
Die sorglose Stimmung der Urlaubszeit,
Das fröhliche Lachen, es macht dich bereit
Für zärtliche Hände, einen roten Mund -
Gefühl ist alles zu dieser Stund'.
Das Herz ist so weit, die Arme so leer,
Da muss etwas Weiches, Lebendiges her.
Verströmt in das eine geniesst du das Glück
Und nimmst dann nach Haus die Erinnerung mit.

Unerwartete Folgen

Ein Mensch besuchte einen Freund,
Den Besuch hatte er schon lange versäumt.
Es waren Jahre seit man sich gesehn,
D'rum war es heut' wohl besonders schön.
Bei Kaffee und Kuchen und einem Gläschen Wein
Holt schnell die Vergangenheit die Gegenwart ein.
Der Mensch aber guckte das Hundchen an,
Das immer wieder zu ihm kam.
Es war als kannten sich die beiden,
Sie konnten einander so gut leiden.
Dann war eine Pfote auf seinem Knie -
Der Gastgeber staunt, „Das tat sie noch nie!"
Der Hund nahm den Menschen fest in den Blick
Als wüsste er mehr schon von seinem Geschick.

Schliesslich war es dann Zeit zu gehen,
Der Mensch sagt Dank und Auf Wiedersehen.
Den Hund noch immer nahe am Fuss
Meint er, „Ich will auf keinen Fall Verdruss.
Doch solltet ihr aus einem Grund
Nicht mehr haben können den süssen Hund,
Ich nehm' ihn gerne, ruft mich an!
Ihr wisst, es ist Spass, doch denkt daran!"
Der Mensch hatte alles schon fast vergessen
D'rum konnt er einen Anruf kaum ermessen.
„War es Dein Ernst? Willst Du den Hund?
Uns're Ehe ist hin, ich nicht gesund.
Aus meiner Familie will ihn keiner,

EIN MENSCH

Ich wäre so froh, wäre er Deiner."

Und so kam die Pudelin in unser Haus.
Ich glaube, sie suchte mich damals schon aus.
Sie wurde und blieb mein bester Freund,
Tröstete mich wenn ich geweint.
Sie konnte mich lesen wie ein Buch,
nur eines noch, dann ist's genug:
Nur Menschen, die einen Hund geliebt
Würden zugeben dass es so etwas gibt.

Der Augenarzt

Ein Mensch, der ging zum Augenarzt
Und klagt er sähe Striche.
Er säh' sie immer, alle Zeit
Obwohl er die Brille oft wische.
Der Augenarzt prüfte, auf Druck,
Auf Ferne und auf Nähe;
Er fragt den Menschen zwischendurch
Ob er die Striche noch sähe.
Der Mensch, erstaunt, konnt' nicht versteh'n
Denn die Striche, die war'n verschwunden.
Der Augenarzt lächelt und ist stolz
Dass er das Problem gefunden.
Die Rechnung erstellend gibt er den Rat
Die Augenbrauen zu stutzen.
Und wollte er keine Pünktchen seh'n
Soll er weiter die Brille putzen.

Die Strassenbahnen

Ein Mensch, der träumt von einer Stadt,
Die er als Kind gesehen hat;
Erinnert sich an Strassenbahnen
Die grün dahergefahren kamen.
In Wien ganz rot,
In München blau,
In Augsburg gelb, wusst er genau.
Er war ein Kind von nur fünf Jahren,
Ist nun ein Mann mit grauen Haaren.
In Träumen nur kann er erahnen
Die Farben all der Strassenbahnen.

Die Radtour

Ein Mensch macht heuer eine Tour
Per Fahrrad über Wald und Flur,
Die Wiesen blüh'n, die Sonne lacht -
Die ganze Welt ist eine Pracht.
Vierzig zählt die grosse Truppe,
Ein Bienenschwarm von einer Gruppe.
Oftmals hinter'nander her -
Ein langes Band der Fahrräder...
Nach dreissig Meilen ging's dann heim.
Mit Salbe schmierte man sich ein
Bestimmte Stellen am Popo -
Da dort der Sattel drückte so.
Das Fahrrad wurde weggestellt;
Per pedes geht's nun durch die Welt.
Man kommt zwar nicht genau so weit -
Doch schont's die Sitzgelegenheit.

Sechzigster Geburtstag

Ein Mensch, trotz seiner sechzig Jahr'
Hat noch gelocktes volles Haar.
Es wird nur leider etwas grau -
Doch das stört heute keine Frau.
Ist er nur anderweits erhalten
Woll'n ihn die Jungen und die Alten.
Und, da er ausserdem charmant,
Ist er als Frauenheld bekannt.
Er lebt dahin mit voller Lust
Trotz der zwei Seelen in der Brust:
Die eine grosse, tiefe, schöne -
(Die and're, die ihn d'rum verhöhne)
Denkt an des Leben's Ende wohl
Und ob ihn dann der Teufel hol'.

Der Mensch, er betet „Gott, erhör' -
Die Frauen lieben mich so sehr.
Und da die Männer reichten nicht
Empfand ich es als meine Pflicht,
Zu beglücken viele -
Sie wussten ja um meine Spiele.
Ich machte nicht uneheliche Kinder.
Vergib mir, Herr, mir armen Sünder."

Der Tiger

Ein Mensch, der oft die Fähre nahm,
Vom Lesen bald zum Schreiben kam.
Erst waren's Briefe, dann Gedichte,
Und nun 'ne Kriminalgeschichte.
Im dichten war er nicht so gut -
Die Geschichte jedoch stockt dein Blut!
Es ging um einen Osterbrunch -
Wo bald geworden er zum Lunch
Für einen exquisiten Tiger,
Des' schwarze Augen, weisse Glieder
Ihn fascinierten bis zum Punkt
Er wählen musst': tot oder g'sund.
Der Tiger hatte Prinzenblut -
Gewohnt dass Du liebst was Er tut.
Wenn nicht, ist es um dich gescheh'n,
Must kopflos dann gen Himmel geh'n.
Der Mensch, dem dieses widerstrebte
Denkt krampfhaft wie er überlebte.
Er rechnet, denkt - „zahl' ich den Bill
Muss ich nicht tun was Tiger will.
Doch wie das Schicksal überwinden
Die Rechnung auf dem Tisch zu finden?
Ich muss die Bedienung fassen
Ohne sie zum Tisch zu lassen."
So erklärte er dem Tiger
Dass er gleich würde kommen wieder.
„Sieh, all das Essen, all der Wein -
Du wirst verstehen, es muss sein."

Und auf dem Wege zur Toilette
Da stellt er's Fräulein Jeannette.
Ganz schnell erzählt er was ihn quält,
Dass er auf ihre Hilfe zählt,
Denn sonst müsst' er, nebst and'rer Sachen,
Mit dem Tiger Hochzeit machen.
Hülf sie ihm, dann hätte, wäre
Der Weg ihm offen mit der Fähre.
Bevor's das Fräulein noch erkannt
Hat Tiger schon mit sich'rer Hand
Den Oberkellner hergewinkt
Auf dass er schnell die Rechnung bringt.
„Hier ist meine gold'ne Karte.
Er hat Geburtstag. Lauf, ich warte…"
Der Oberkellner, nicht gewohnt
Dass man ihn hetzte so betont,
Verneigte sich und wollt' was sagen,
Da sass der Tiger ihm am Kragen.
Karateschlag. Er lag am Boden
Und um ihn her die Gläser flogen.
Der Mensch, der hörte das Geschrei,
Stoppt die Natur, rennt schnell herbei
Zu retten was zu retten ist.
Es ist zu spät, er rettet nicht.
Gehetzt muss er zur Fähre laufen
Ein Einweg-Ticket sich zu kaufen.
Er setzt sich hin, schreibt alles auf
Und hofft, dass der Pistole Lauf
Ihn nicht erreicht bevor er fertig -
Den Brief verliert, wo gegenwärtig

Die Nummer einer Faxmachine
Von einer Dame, die ihn sühne.
Ein zweiter Mensch, der fand den Brief
Und faxte ihn, es ging bald schief.
Die Dame wurd' nicht einmal stutzig,
Fand es sogar ein wenig schmutzig
Wie mancher Mensch, du weisst es schon,
Missbrauchen tut das Telefon.
Nun die Moral von der Geschicht':
Man sollte kennen deine Schrift.
Um zarte Liebe zu erwidern
Geh' auch nicht aus mit andern Tigern.
Was nützte ihr wohl alle Sühne
Wenn Lunch er war, der stolze Hühne…

Die unvergesslichen Worte

Ein Mensch, der sagte ihr drei Wort'
Die sie nicht konnte wischen fort.
Sie folgten ihr bei Tag und Nacht
Und ha'm sie um den Schlaf gebracht.
Noch nie hat jemand es gewagt
Und hat zu ihr diese Worte gesagt.
Drei Worte voll Liebe, scheu und still –
Und nun weiss sie nicht was sie will…

Griechenland

Ein Mensch, der machte eine Tour
Nach Griechenland, die Alt-Kultur.
Mit Fahrer Bobby, Führer Nick,
Da hat der Mensch ganz grosses Glück.
Es gab auch noch ein Dutzend mehr,
Die alle mussten warten sehr
Am ersten Tag, da unser Freund
Die Uhr zu stellen hat versäumt.
Am nächsten Tage sah er dann
Die Meteoren-Klöster an.
Die Mönche, ja, man glaubt es kaum,
Die wussten auf den Fels zu bau'n.
Und weiter gings, nach Delphi 'rein,
Mit Aussicht trank er Zitsa Wein.
Das Orakel jedoch funktionierte nicht mehr -
Da nahm als Ersatz man Teeblätter her.
Apollo, Athene und andere Götter -
Nick wusste alles als wär' er der Vetter.
Es folgte Athen, die göttliche Stadt,
Wo man zum Atmen nur Abgase hat.
Der Kanal von Korinth,
Der Verstand bleibt fast steh'n.
Dann auf nach Mykene die Gräber zu seh'n.
Mythen und Sagen, die alten Geschichten
Braucht Nick nicht erst zusammen zu dichten.
Er weiss alles, was immer wer fragt,
Und er hat wohl auch meistens
Die Wahrheit gesagt.

EIN MENSCH

Der zweitletzte Tag war wunderbar schön:
Gegrillte Fische und baden geh'n.
In Parga noch bummeln und fotografieren,
Kaffeetrinken und etceterieren.
Dann Igoumenitsa die letzte Nacht -
Und hier sagt Nick: „Es ist vollbracht."
Zum Schluss blieb noch Korfu, die grüne Insel
Wo manch' ein Maler schwingt seinen Pinsel.
Wo Sissi and Wilhelm der Zweite gewohnt,
Wo mit Badeurlaub der Mensch wurd' belohnt.
Zu Haus geh'n die Fotos von Hand zu Hand
Und der Mensch sagt,
„So schön ist Griechenland".

Der Briefträger

Ein Mensch denkt nur an jenen Mann
Den sie kaum erwarten kann.
Gehofft hat sie die ganze Nacht
Dass er ihr einen Brief gebracht.
Kommt er dann die Strass' entlang
Schlägt das Herz ihr, weh und bang.
Die grosse Tasche hängt ganz schief -
Hoffentlich von ihrem Brief.
Er wünscht ihr einen guten Tag,
Freundlich lächelnd, welch' ein Schlag
Meint er, dass vielleicht doch morgen -
So pflegt sie heut' die andern Sorgen.
Es vergingen viele Wochen,
Die Zeit ist langsam hingekrochen.
Dann heute, eh' sie's noch gedacht
Hat er ihr einen Brief gebracht.
Sie hat ihn nicht sogleich gelesen,
War aufgeregt, must' erst genesen;
Nun liest sie ihn zum vielten Mal -
Und morgen beginnt von vorn die Qual.

Der Teddybär

Ein Mensch schenkt ihr 'nen Teddybär
Und wünscht, dass er das selber wär' -
Denn Teddy schläft bei ihr im Bett.
Als ob sie etwas davon hätt'
Erzählt sie ihm was Teddy macht,
Wenn sie gewacht die halbe Nacht.
Manchmal stützt Teddy ihren Kopf,
Liegt artig still, der arme Tropf.
Dann wieder liegt er unter'm Knie
Bis sie ihn holt, das arme Vieh.
Sie kuschelt eng ihn in den Arm
Und schläft dann ruhig, sanft und warm.
Der Mensch, der all' dies angehört
Im tiefsten Herzen ist empört.
Die Eifersucht, die packt ihn mächtig,
Er findet Teddy niederträchtig.
Das Bärchen, das er ihr geschenkt
Ist nun, scheint's, alles was sie denkt.
Er meint sogar, sie sei nicht ehrlich,
Dass dieser Teddy sehr gefährlich,
Ja, dass er ist ein Vorwand nur
Für einen anderen ‚armour'.
Er ahnte nicht, dass Frauen wagen
Dir durch die Blume 'was zu sagen.

Kühe, Milch und Bier

Ein Mensch verbrachte einen Tag
Auf eines Bauern Platz.
Es waren sechzehn Kühe da,
Natürlich ein Hund und 'ne Katz'.

Der Mensch brachte seine neue Frau
Und sein hübsches Töchterlein;
Die Frau fühlt sich fast wie zu Hause
Das Kind erscheint scheu und allein.

Die Männer reden von Heu holen 'rein
Die Frauen machen Kaffee und Kuchen;
Das Kind spielt mit dem Kätzchen fein,
Der Hund geht die Kühe zu suchen.

Nach dem Kaffee geht's ab in den Stall,
Der ist noch ziemlich leer,
Dann bringt der Hund die Kühe ein,
Die Besucher staunen noch mehr.

Jede Kuh hat 'nen Namen an ihrem Platz,
Und findet ihn ohne Mühe,
Der Bauer erklärt stolz eine neue Machine,
Zum Melken der sechzehn Kühe.

Dann setzt er einen dreibeinigen Schemel
Fast unter eine Kuh zum Sitzen,
Er präpariert das Euter der Kuh

EIN MENSCH

Und zieht an den vier Zitsen.

Die Katze fängt die Milchtropfen auf,
Dann kommt die Maschine dran,
Die Milch läuft durch ein Durchgangsrohr
Bis sie in die Milchtruhe kam.

Das Kind denkt nun die Maschine
Die macht die Milch und nicht das Tier.
Die Bäuerin melkt per Hand in ein Glas
und erklärend gibt es ihr.

„Ich hab' lieber die Milch vom Laden,
Diese ist warm und ich mag sie nicht" -
Sie schüttelt sich, gibt zurück das Glas
Und zieht ein langes Gesicht.

Plötzlich geht ein Schwanz in die Höh,
Ein Wasserfall? Nein, es ist wirklich zum Lachen -
Es schäumt und das Kind sagt so peu à peu
„Ich-wusste-gar-nicht-dass-Kühe-auch-das-Bier-
machen!"

Liebesleiche

Ein Mensch brach einer Frau das Herz
Doch sie verbiss sich ihren Schmerz.
Zeigt freundlich sich, gar fröhlich, heiter
Und meint, das Leben ginge weiter.
Sie wurde keine Liebesleiche -
Doch war sie nie mehr ganz die gleiche.
Sie denkt bei jeder kalten Dusche
an einen ganz bestimmten Mann,
und da das eine sie nicht meiden
das and're sie nicht lassen kann.
-.-.-.-.-.-.-.-.-

Das Leben ist eine Autobahn.
Wir jagen, wir eilen,
überhol'n alle andern,
überseh'n die Blumen am Wegesrand
Keine Zeit zum gemütlichen Wandern...
-.-.-.-.-.-.-.-.-

Der Flieder blüht im Garten
und duftet wunderschön;
Es ist so schwer zu warten
auf's Nimmer-Wiedersehen.
-.-.-.-.-.-. -

Und ganz erschrocken sieht man dann
die armen leeren Hände an.

Der Hund

Ein Mensch ist auf den Hund gekommen,
Als alle Felle ihm weg geschwommen.
Der Mensch wird bekannt als ein ‚Schweinehund‘
Wieso? Warum? Aus welchem Grund?

Lügen, betrügen, morden und stehlen,
Und ausserdem weiss er wie es verhehlen.
Ein Schwein kann er nicht sein, denn das ist so nett,
Es gibt uns den Schinken, die Wurst und den Speck.

Ein Hund ist des Menschen bester Freund,
Vom Futter, dem Streicheln und Liebe er träumt.
Ob gut oder böse, arm oder reich,
das ist dem Hundevieh völlig gleich.

Er weiss auch nichts von dem Hundeleben,
Dass sein Herrchen führt, ist ihm stets ergeben.
Leckt ihm die Hand noch mit trüben Augen -
Und weiss dass all‘ die andern nichts taugen.

Nun wünsch‘ ich mir auch so einen Hund.
Der ist für Leib und Seele gesund,
So sagt die Statistik - und das stimmt,
Du musst mit ihm laufen, und das trimmt.

Marokko

Ein Mensch bucht heuer eine Tour,
Marokko zieht, die Fremd-Kultur.
Das Atlas Gebirge, die Sahara Wüste,
Das fruchtbare Land entlang der Küste.
Die Namen der Städte, so voll und so rund
Zerschmelzen wie Schokolade im Mund.
Das Hirn gaukelt tolle Bilder ihm vor:
Casablanca und Fez - ganz fesch,
Meknes, Rabat und Marrakesch,
Medinas und Kasbas, verschleierte Frauen,
Händler, die ihm über's Ohr wohl hauen.
Königsstädte, romantisch und alt,
Die lassen sein Herz gewiss nicht kalt.
Nach Agadir fliegt er, dann der Global Bus,
Den er mit vierzig anderen teilen muss.
Nach Marakesch ging's erst, der Berberstadt,
Die ein Berber vor tausend Jahren gegründet hat.
Blaublühende Bäume entlang langer Strassen,
Die Oase mit Palmen, wo Kamele schlafen.
Ein Königspalast, Moscheen, Minarette,
Dann ein Hotel und ein gutes Bette.
Die Saadier Gräber, der Badi Palast,
Ein Gang durch die Souks, ganz ohne Hast;
Die Händler, die Schlepper, die Eseltreiber,
Die Rufe „Baluk" und bettelnde Weiber.
Blinde und Krüppel, handelnde Frauen,
Vom Elend lern' schnell hinweg zu schauen.

EIN MENSCH

Am Gauklerplatz mit vieltausend Leuten -
Vorsicht, alle woll'n deine Dirhams erbeuten -
Schlangenbeschwörer und witzige Affen,
Uralte Marokkans, die dich begaffen.
Wasserverkäufer mit Klingeln und Schellen.
Märchenerzähler und Hunde die bellen.
Aufpasser als Touristen getarnt:
Vor Taschendieben wird gewarnt.
Untersteh' dich nicht zu fotografieren,
Du könntest Portemonaie und Kamera verlieren.
Es sei denn, du zahlst mit grösseren Scheinen.
Beachte auch nicht kleiner Kinder' Weinen,
Auch nicht die Händchen, die bettelnden Augen,
Die Ruhe und Schlaf und Glauben dir rauben.
Kaum können sie laufen, dann wissen sie schon
Betteln macht reicher als Vater's Lohn.
Geh' in ein Café mit Dachterrasse,
Trink eine Cola oder'n Kaffee.
Von dort schiess' ein Foto, aus sicherer Ferne -
Ach, ihr Marokkans, habt mich doch gerne.

Camping Freuden

Ein Frauenmensch baut auf ein Zelt
Im Sommer woll'n die Kinder eine andre Welt.
Ach, camping, das war so wunderschön;
Komm' Mammi, lass' uns gleich baden gehn!
Das Wasser war warm, man tat sich gütlich,
Sie dachte das Zelt mach' ich später gemütlich.
Die Mädchen zeigten ihr nun was sie gelernt
Im Schwimmunterricht für den sie geschwärmt.
Guck, Mammi, ich tauche, ich mach' „Toter Mann",
Ich schwimm auf dem Rücken, auch Brust ich kann!
Das Baby zappelt, es rutscht aus den Händen,
Oh Gott, hilf drohendes Unheil abwenden!
Sie ist so erschrocken, sie langt nach ihm,
Doch der schwamm wie ein Fisch dahin!
Sie starrt, acht Monate alt ist er nur,
Ist das der Selbstschutz der Natur?
Dann endlich war es genug für heute,
Zum Zelt zurück scheucht sie ihre Leute.
Sie trocknet sie ab, gibt ihnen Kuchen,
Dann geh'n sie neue Freunde zu suchen.
Der Baby-Bub sitzt in seinem Bett -
Doch womit spielt er da so nett?
Fischfliegen sind es, die sammelt er auf,
Steckt sie in den Mund und isst sie auf.
Das ganze Zeltdach ist damit bedeckt,
Es heisst, morgen sind die alle verreckt.
Am nächsten Tag regnet's; der Herd ist im Zelt,
Mit Büchern war gemütlich die kleine Welt.

Sie stellt auf Flamme, sie streicht ein Holz -
Der Herd explodiert, ihr ganzer Stolz.
Sie schmeisst die Kinder ganz schnell hinaus,
Aus der Traum vom Sommerhaus.
Zum Schluss stolpert sie aus dem brennenden Zelt,
Bricht sich den Knöchel, zuende die Welt.
Ein Zelt-Nachbar fährt sie in's Krankenhaus,
Der Papa kommt holt die Kinder nach Haus.
Die weinen und klagen wie schön alles war,
Er verspricht camping für's nächste Jahr.

Der Komputer

Ein Mensch von gestern hat nun heute
Auch einen Komputer, wie junge Leute.
Baut er auch Mist, was macht das schon,
er ruft dann einfach den Enkelsohn.

Der zeigt dem Opa, klick' hier, klick' dort
Und all der Mist ist wieder fort.
Bald lernt er auch das Briefeschreiben,
Sichern und Senden und's Löschen vermeiden;

Fotos aufladen und Reisen zu suchen,
Die Welt anzusehen ohne zu buchen,
Er findet Neues in Politik und Geschichte,
Auch kurze Stories und alte Gedichte.

Doch was den Menschen völlig entflammt
Ist die Partnerschaftssuche im ganzen Land.
Ob Frauen für Männer oder Männer für Frauen -
Und so einfach ist's sehr viele anzuschauen.

Das ganze imponiert dem Menschen so sehr -
Er schwört: „Den Komputer geb' ich nie wieder her.
Mein Komputer, der Geist und Seele mir labt
Ist das schönste Spielzeug, das ich je gehabt."

Das Geburtstagskind

Ein Mensch, selbst schon mit grauen Haaren
Schielt scheu zur Oma mit neunzig Jahren.
Er denkt zurück, sieht noch das Kind,
Das keck, gesund und munter
Um die Wette lief mit dem Wind.
Wie als Mädchen sie sich verliebte,
In den Mann, der es besiegte.
Überlebte zwei Kriege, die Jahre vergingen,
Und nie verlernte sie Lachen und Singen.
Auch jetzt spielt ein Lächeln um ihre Lippen,
Erinnert sie sich an schwierige Klippen?
Neunzig Sommer, und keiner vergebens,
Genoss auch den Herbst ihres langen Lebens.
Und nun, ihr Winter mit Schnee und Eis,
Bringt Wärme und Liebe im Freundeskreis.
Ein neuer Geburtstag, ein weiteres Jahr!
Prost Oma! Gesund und alt - wie wunderbar.

„Kneipp"
mit Doppel-Pe

Der Kanadier

Ein Mensch, der kam von Kanada
Und fuhr nach Wörishofen.
Er wollt' 'ne Kneipp-Kur machen da -
Und auch ein bisschen schwofen.
Die erste Woche ging ganz gut
Mit Arzt und Bad und Güssen;
Sogar zum Tanzen ging er aus,
Fuhr einmal gar nach Füssen.
Dann griff das Schicksal mächtig ein
Und schickte ihm 'nen Husten.
Auch Fieber kriegt das Menschelein,
Es konnte kaum noch pusten.
Aus der Traum von Hartental,
Vom Kneippen, Tanzen, Wandern -
Die Grippe packt ihn wieder 'mal
Genau wie alle andern.
Das Essen schmeckte nicht so gut,
Er lebt nun vegetarisch.
Die Tafelrunde macht ihm Mut -
Mensch, nimm es nicht so tragisch.
Zum Schluss kriegt er ein schlimmes Ohr,
Er konnte kaum noch hören:
„Im Winter komm' ich niemals mehr" -
Sagt er, und wollt' drauf schwören.
Nun die Moral von der Geschicht' -
Er wird's ja doch vergessen.
Mensch, niemals sage ‚niemals' nicht
Bist du von 'was besessen.

Die Schlankheitskur

Ein Mensch, der fühlte sich zu dick,
'ne schlanke Frau war sein Geschick.
Die triezte ihn und sprach von Kur
Und meint „geh du zum Doktor nur."
Der Arzt versprach ihm ein Rezept
Zum Kuren wo er abgespeckt.
Er riet zum Kneippen, lobte Schroth -
Das bracht' den Mann in Seelennot.
„Herr Doktor", sprach der schlaue Wicht,
„Geschrotetes, das mag ich nicht.
Ich war bisher ein guter Esser,
D'rum wär' das Kneipen für mich besser."
Die Kneipen, dachte sich der Gast,
Besuche ich ganz ohne Hast.
Ich lieb' mein Bier, geniesse Wein -
Und Wasser, das muss ja nicht sein.
Verwechseln tat er Schroth und Kneipp,
Er ahnt's beim Wickel um den Leib.
Das Kurbuch zeigt ihm, ach, oh weh -
Dass ‚Kneipp' man schreibt mit Doppel-Pe.
Der Mensch tritt Wasser, badet Fuss,
Er zittert unter'm Unterguss.
Durch Wald und Wiesen muss er laufen -
Doch Sonntag geht's nach Oberstaufen!

Der Wasserdoktor

Pfarrer Kneipp mit dem weissen Spitz
geht oft durch seine Stadt.
Er schaut sich um und staunt nicht schlecht
Wie sie sich verändert hat.
Er guckt in manches Fenster 'nei
Und schüttelt seinen Kopf -
Denn was er sieht, das kennt er nicht,
Brennsupp' hat keiner im Topf.
„Ach Spitz", sagt er, „mein guter Freund,
Was tun mir weh die Beine.
Sandalen kann ich nicht auszieh'n
Da unter mir nur Steine.
Schau nur die vielen Häuser an
Wo früher keine standen;
Sogar das Bächlein ist gezähmt,
verläuft in steinernen Wanden.
Kein Gras, kein Vieh, kein Kuhfladen
um den sich Spatzen raufen,
Und soviel Menschen, viel zu dick,
Die alle tun was kaufen.
Apotheker, die mich nie gemocht
Verkaufen Kneipp-Produkte.
Die Buchgeschäft, oh Spitz, schau her -
Kneipp Bücher, so viele, gedruckte!
Und Ärzte gibt's wie Sand am Meer -
So sollte ich doch meinen
Wenn ich die Patienten hätt' teilen gekonnt,
Dann kriegte jeder nur einen!"

EIN MENSCH

Geduldig zieht der kleine Hund
Ihn hin zur Kneipp'schen Eiche.
Dort setzt er sich auf den grossen Stein
Und zieht so seine Vergleiche.
Er denkt an früher, sein armes Dorf
Und was aus ihm geworden:
Die Wasserkur hat es reich gemacht -
Nachdem er war gestorben.

Foto - www.pinterest.de

Die neue Kneipp-Kur

Bei Kneipp, das wusste Jung und Alt,
Da war die Kneipp-Kur meistens kalt.
Doch nun, in der modernen Zeit
Da mögen das nicht mehr die Leut'.
Zu Kneipp, da kamen sie in Massen,
Arm und reich und alle Klassen.
Er schimpft und wickelt, giesst die Glieder
Wem es nicht past, der gehe wieder.
Der Kneipp, der tat's ja nicht für Geld,
Nur helfen wollt' der ganzen Welt.
D'rum schrieb er „Meine Wasser Kur"
Und rät, macht es alleine nur.
Er schrieb auch noch „So sollt Ihr Leben"
Und hat am Ende dann gegeben
Dem Ärztestand sein „Testament" -
Und nun die Kur man kaum erkennt.
Jetzt sind es meistens heisse Güsse
Für Rücken, Arme, Beine, Füsse.
Und kommen tun nun keine Massen
Weil's zahlen nicht die Krankenkassen.

Die Wasserspiele

Der Pfarrer Kneipp auf seinem Söckel
schaut still den Wasserspielen zu,
mit denen Bürgermeister Möckel
zerstört der Nachbarn Mittagsruh.
Wo früher bunt die Wiesen blühten
da dehnt sich heut' der Rote Platz.
Wo mit Gymnastik sie sich mühten
trifft heut' so mancher seinen Schatz.
Im Wandelgang mit seinen Bänken
kannst du lustwandelnd dich ergeh'n.
Du magst wohl auch an früher denken
und fragend in die Zukunft seh'n.
Wird sich die Kneipp-Kur rein erhalten
im Fortschritt der modernen Zeit -
Oder wird sie sterben mit den Alten
als Opfer unserer Eitelkeit?

Von: https://commons.wikimedia.org/

Guter Rat

Pfarrer Kneipp, der meint ganz einfach,
Alle Krankheit kommt vom Blut.
Und wenn man das in Ordnung bringt
Wird alles wieder gut.
Der Volksmund sagt uns heute
Der Tod, der sitzt im Darm,
Und wenn man den sanieren kann
Kommt niemand nicht zu Harm.
Ein weiser Rat von Vater Kneipp:
Es geht nicht nur um deinen Leib.
„Gesundheit ist nicht alles -
Aber ohne Gesundheit ist alles nichts."
Ich mach' es dir zu deiner Pflicht
Vergess' mir deine Seele nicht

Die Wasser-Kur

Ein Mensch bracht' einst einen Menschen
Und dann die vielen andern
Von Kanada zur Kneipp-Kur,
Vor allem aber zum Wandern.
Der Mensch erklärt den Kanadiern
Die Lage der Kneipp'schen Dinge,
Und dass die eig'ne Gesundheit
Viel besser, wenn man mehr ginge.
Zu Hause steht der Cadillac,
Der BMW im Stall,
Und hier geht es per pedes -
Ohne Auto hin überall.
Sie laufen in leggings und t-shirt
Durch die Wälder ohne Rast.
Und unterscheiden sich sehr gründlich
Von jedem andern Gast.
Manche geh'n zum Tanzen,
Fast immer im gleichen Kleid;
Noch andere machen Fotos -
Nur so zum Zeitvertreib.
Die Kur wird ernst genommen,
Das Kurkonzert im Saale;
Die Wanderungen führen hin
Zur gold'nen Kneipp-Sandale.

Maifest in Bad Wörishofen

Ein Mensch, der ging zum Maibaum hin
Zum Tanzen und zum Singen.
Wollt' ein paar Fotos machen dort -
Doch das wollt' ihm nicht gelingen.
Zu viele Menschen waren da,
Die tranken Bier zum Kuchen;
Man schob sich durch die Masse durch
Seine Freunde aufzusuchen.
Gar schöne Trachten war'n zu seh'n,
Auf den Hüten so buschige Dinger,
Die Kinder tanzten fast wunderschön,
Und dann sprach endlos Herr Singer.
Er sang das Lob der Trachtenzunft,
Der Eltern, der Kinder, der Leute,
Zum Schluss, mit Melanie auf dem Arm
Wurd' er Presse-Foto-Beute.
Die Kurgäst' zerstreuten sich alsbald
Doch das Maifest ging noch weiter.
Bratwurst, Pretzen, Kuchen und Bier
Machte die Heimischen heiter.
Der Mensch mit seiner Kamera
Kam zu 'nem Haus mit Rindern.
Hier macht er Fotos mit Beinen drauf
Nach den Köpfen von tanzenden Kindern.

Suchen – Wo?

G. Sixta

Ein Mensch, der in Wörishofen war,
der konnte ‚sie' nicht finden.
So bracht' er eine Kerze dar -
Im Kneippendom, ganz hinten.

Und, weil er dann ein Weilchen sass,
Tut er sich wohlbefinden.
Er leerte noch ein zweites Mass
Im Kneipchen an der Linden.

Ob Kneippen's Dom, ob Kneipen Mass,
Sei' Ruh hat er verlur'n;
Bis dass er find' was er vergass
In Westvan, Wörishofen, Gaschurn?

Das Bewegungsbad

Ein Mensch ging in's Bewegungsbad.
Man hing ihn auf in Schläuchen,
Man schwingt ihn hin, man schwingt ihn her -
Der Mensch dacht' kurz an Ersäufen.

„Entspanne dich", so wird er beraten.
Er macht seine Augen zu,
Ergibt sich des anderen Taten
Und wiegt sich in Seelenruh.

Man verbiegt ihm Arme und Beine
Und es tat gar nicht weh.
Wie schön ist doch was der eine
Mit ihm macht im warmen See.

Er geniesset voller Entzücken
Beweglichkeit, die er vermisst;
Dann spürt er eine Hand im Rücken
Wo kein Knochen gewachsen ist.

Er tut als sei nichts geschehen
Doch öffnet er seinen Blick.
Unter Wasser konnt' keiner was sehen,
Und das war des anderen Glück.

Der arbeitet zügig weiter,
Den Menschen umfassen er must,

EIN MENSCH

Sein Gesicht ist fröhlich und heiter.
Rein zufällig berührt er die Brust.

In diesem schönen Bewegungsbad
Noch andere Menschen waren,
Doch ob sie dasselbe Erlebnis gehabt
Hat unser Mensch nie erfahren.

Doch denkt er seither jeden Tag
An diese Hand im Rücken;
Ob sie wohl Teil vom Bewegungsbad
Oder unerlaubtes Beglücken.

Ode auf das Leben

Ein Mensch, der liegt im Bette
Und macht sich grosse Sorgen.
Wenn er doch nur so krank nicht wär'
Könnt' er sich freu'n auf morgen.
Die Ärzte schnitten auf den Bauch
Und nähten ihn gleich wieder zu.
Sterben müsst' er sowieso,
So liessen's den Krebs in Ruh.
Den Menschen dies verbittert,
Das macht man doch nicht so!
For Wut hat er gezittert
Und flog nach Mexico.
Dort sah er eine andere Welt,
Traf viele Kameraden.
Zwar kostet das ein grosses Geld -
Doch's Leben kann man haben.
Dreizehn mal am Tage Saft,
Kaffee nur vom unter'm Ende,
Die Pfunde fielen von ihm ab,
Das schönste sind nun seine Hände.
Vergiss den Käs', die Wurst, den Braten,
Für eine Weil' sogar das Brot.
Mach' alles wie man es dort lehrt,
Dann geht der Krebs bald tot.
Der Uwe macht ihm die Suppe,
Grünen Saft und den Salat,
Der Mensch ist nicht zufrieden,
Doch schätzt er die gute Tat.

EIN MENSCH

Der Uwe ist sicher ein Engel,
So geduldig, so sauber, so rein,
Wenn er sich den vertreibt, meint Else,
Ist er ein dummes Schwein.

Des Menschen Tochter Nikola
Trägt ihr Teil wirklich toll.
Trotz Jugend, Freund und Studium
Hält sie den Kühlschrank voll.
Die Ursula bringt ihm Bücher
Und hält ihm lange Reden -
Dass er von Herzen schätzen soll
Was alles ihm gegeben.

Er hadert mit dem lieben Gott
Der ihm den Krebs gegeben;
So meint er, doch das ist nicht so,
Er zahlt für sein früheres Leben.
Ganz langsam ändert er seinen Sinn,
Sieht sich selbst in besserem Lichte:
Er wird gesund weil Gott ihm hilft –
Ende der Geschichte.

Weihnachtszeit

Weihnachten zärtlich im Herzen
Denk' ich an alle die Lieben;
Entzünde ein Heer von Kerzen -
Wo ist nur die Zeit geblieben!

Tage wurden zu Jahren,
Manch' Freund ist schon verschieden;
Glück und Leid hab' ich erfahren -
Wo ist nur die Zeit geblieben!

Doch alle Jahre wieder
Ist Weihnachten hienieden;
Wir singen die alten Lieder -
Wo ist nur die Zeit geblieben!

Du brauchst mich nicht zu fragen,
Die Zeit hat nie geschwiegen.
Deine Kinder werden dir sagen
Wo die Zeit für dich geblieben!

Weisheit

von Martin Luther

"Wenn ich wüsste dass morgen der jüngste Tag wäre, so würde ich heute noch ein Apfelbäumchen pflanzen."

„Sammelsurien"

Gedichte, über Jahrzehnte gesammelt, von Freunden, aus der Zeitung, Kopien in Briefen; lange bevor es den Komputer gab.

Sämereien

Günther Wolf zu Ostern 1981

Gar mancher macht es sich recht schwer:
Was ist der Mensch - wo kommt er her?
Wo geht er hin wenn er einst scheidet,
Konventionell - den Tod erleidet?

Die Antwort - scheint mir - find' man nur
Bei dem Vergleich mit der Natur;
Denn, wenn wir die ganz recht besehen,
Als EINHEIT ist sie zu verstehen.

Ob rot, ob grün, ob Stern, ob Stein,
Es ordnet alles sich doch ein
Im Leben; Vielfalt, Farbe, Form,
Im Tod für alles gleiche Norm.

Dann muss verfaulen und vergehen,
Am Ende wieder zu entstehen.
Ein Weg, den der vergeblich sucht
Der meint er sei ein Endprodukt -

Wie etwa Auto oder Haus!
In der Natur sieht's anders aus.
Hier gilt für alle gleicher Rahmen -
Tier, Apfel, Mensch – nichts als nur Samen.

Da bleibt nicht einer ungeschoren,

EIN MENSCH

Sie alle werden gleich geboren,
An einem Stiel, den wir ja kennen,
Beim Menschen Nabelschnur auch nennen.

Und dieser Stiel, den man dort findet
Uns an Plazenta-Pflanzen bindet.
Bei der Geburt gilt bei uns allen
Vom Stiele erst mal abzufallen.

Bei Früchten - ja, so ist das eben,
Ist dieser Fall das ganze Leben.
Der Mensch - damit er richtig liege -
Fällt da viel weicher - in die Wiege.

Im Tod - wie sich die Chancen gleichen,
Da heisst es beide aufzuweichen,
Und hierzu hilft für beide Sparten
Sie einzupflanzen und zu warten.

Kommt aus der Frucht ein grüner Baum
Bei Mensch und Tier sieht man das kaum.
An keinem Grab konnt' man erleben
Dass Menschenbäume sich erheben.

Ob er nun fliege, laufe, falle -
Frucht, Samen also sind wir alle.
Doch wenn wir die Bilanz hier zieh'n
Nur Pflanzenseelen sind so grün.

Bei Mensch und Tier und deren Tod

Erwartet man die Seele ROT,
Doch die Natur, die ändert das,
Was aufsteigt hier ist blank wie GLAS.

Die Seele ist zu uns'rer Freud
Geschaffen für die Ewigkeit.
Der Körper ist das Werkzeug eben
Bemessen für ein kurzes Leben.

Vergleichend wir bewiesen haben,
Ein SAMEN ist's den wir begraben.
Die Seele doch nach ird'schem Leid
Von der Materie sich befreit.

Den GOTT – wie wir das gerne wollten,
Wir nicht DA OBEN suchen sollten.
Willst du ihn je zu Rate zieh'n -
 ER IST IN DIR - UND DU IN IHM.

Resultat:
Betracht' den Baum vor deiner Tür -
Dann siehst du klar wie's einst geht dir!

Frühlingslied
Marianne Scharpf

Der wilde Krokus ist erblüht,
Nur in den Mulden liegt noch Schnee.
Ein Habicht seine Kreise zieht
Und auf die Lichtung springt ein Reh.
Der Rabe krächst so freudig laut,
Und manchmal holt er einen Ast.
Frühzeitig sich den Horst er baut,
Für ihn gibt es jetzt keine Rast.
Die Taube gurrt dem Partner zu,
Der erste Frosch wird schon gehört,
Die Spatzen schilpen ohne Ruh' -
Der Amsel Lied mich neu betört.
Von überall es froh erschallt,
Die Ruh' des Winters ist dahin.
Es regt sich neu in Feld und Wald.
Der Frühling füllt mir Herz und Sinn.
Der frischen Erd' entströmt ein Duft,
Schon seh ich's wachsen, spriessen.
So weich ist jetzt die frische Luft -
Lasst sie uns recht geniessen!

Das Herz

Anonymous

Der Herr Professor Wunderlich,
Ein sehr gelehrter Mann -
Hält einen Vortrag über's Herz und
Wie man's nennen kann.
„Das Herz ist eine Pumpe",
So spricht er weisheitsvoll,
„Und darum will die Wissenschaft
Dass man's so nennen soll."
Studenten sitzen Kopf an Kopf
Und lauschen seinem Wort.
Doch er erklärt die Pumpe nur
Und lässt das Herz ganz fort.
Da spricht ein junger Studios
Mit lächelndem Gesicht:
„Ach bitte, Herr Professor, nein,
Das geht doch einfach nicht.
Wie klingt es wohl wenn man verliebt
Und spürt ein süsses Weh,
Soll man da sagen, liebster Schatz,
Mir tut die Pumpe weh?
Ach, komm' an meine Pumpe
Du süsse Pumpenmaid.
Und spürst du nicht wie meine
Pumpe nach der deinen schreit?
Ich lege meine Pumpe
Dir zu Füssen hin.

Ach, schenk' mir deine Pumpe
Erst dann ich glücklich bin."
Als der Student zu Ende ist
Der ganze Hörsaal lacht.
Der Herr Professor ist verwirrt -
D'ran hat er nicht gedacht.
„Nun ja," spricht er, „ich merk' es wohl,
Sie treiben mit mir Scherz,
Drum kehren wir getrost zurück
Zu unserm alten Herz."

Der Mensch und seine Jahre
Anonymous

Das grosse Glück noch klein zu sein,
Sieht mancher Mensch als Kind nicht ein.
Er möchte dass er ungefähr so 16 oder 18 wär'.
Doch schon mit achtzehn denkt er, „Halt!
Wer über zwanzig ist, ist alt."
Kaum ist die zwanzig dann gschafft
Erscheint die dreissig greisenhaft.
Und dann die vierzig! Welche Wende;
Die fünfzig gilt beinah' als Ende.
Doch nach der fünfzig, peu à peu
Schiebt man das Ende in die Höh'.
So scheint die sechzig noch passabel
Und erst die siebzig miserable.
Doch dann, mit siebzig, hofft man still
„Ich werde achtzig, so Gott will."
Und wer die achzig überlebt -
Zielsicher nach der neunzig strebt.
Dort angelangt, zählt man geschwind
Die Leute, die noch älter sind.
Man wünscht sich heimlich noch die hundert -
Von allen dann ganz gross bewundert.

Hab' nur Geduld

Franz Przybilski

Noch ist es kalt, und Busch und Bäume frieren.
Noch drückt des Schnee's Last die Erde sehr.
Noch will kein zartes Grün die Felder zieren,
Noch dringt kein Vogelruf vom Walde her.
Getröste dich! Es wird nicht lange dauern,
Dann grünt das Gras, dann bricht der Blüten Flor
Hervor aus prallen Knospen, und an Mauern
Rankt sich erneut der wilde Wein empor.
Wenn schlanke Tulpen in den Nächten frieren
Weil sie zu früh zum Licht emporgestrebt,
Sollst trotzdem du den Glauben nicht verlieren,
dass alles, was einst tot schien, trotzdem lebt.
Es hat noch jeder Winter weichen müssen.
Noch jedes Jahr erzitterte die Luft
Von warmen Winden gleich den keuschen Küssen,
Das Leben lockend aus der dunklen Gruft.
So wird's auch diesmal sein, du wirst schon sehen.
Was heut' noch weiss in weiss sich vor dir streckt
wird morgen schon in bunter Pracht erstehen,
Zu neuer Fülle, neuer Lust erweckt.

Gegenwart
Herbert Sperling

Ich möcht' so gerne noch mal freudetrunken
In dieser schönen Welt spazieren geh'n;
Doch überall seh' ich nur Feuerfunken
Und Neid und Hass auf meinem Wege steh'n.
   Wie grenzenlos ist die Gewinnsucht
Und grenzenlos auch die Gewalt.
Wie lang noch taumeln wir am Abgrund -
Wo finden wir noch einmal Halt?
   Das Heilige Land ist nicht mehr heilig.
Der Teufel ruft zum Stelldichein,
Zerbombt sind Krippe, Stall und Glaube,
Die Wiege hell im Feuerschein.
   Ich frage mich, wozu sind wir geboren,
Wo liegt des Lebens absoluter Sinn?
Wir tanzen doch auf heissen Kohlen
Der letzten Glut, die noch im Aschehaufen glimmt.
   Wo ist das lebenswerte Leben,
Wo ist die Liebe, wo die Zuversicht,
Wo sind die alten Werte nur geblieben,
Mit Anstand trugen wir ein offenes Gesicht.
   Was ist denn eigentlich aus uns geworden?
Wer nahm uns denn in diese blutige Pflicht?
Des Lebens Inhalt ist doch nicht nur morden
Und das mit unbeteiligtem Gesicht.
   Sind wir, als Mensch, uns nichts mehr schuldig?
Dann sind wir nur noch Kreatur

Und der Vernichtung preisgegeben,
Mit selbstgefälliger Natur.

Die Deutsche Einigkeit
Anonymous
Ein Personenzug fährt von Ost- nach Westdeutschland.
Im Kloset befindet sich ein bahnamtlicher Vermerk: „Die
Benutzung ist nur für 5 Minuten gestattet."
Da schreibt ein Preusse folgenden Vers dazu: „Wer hier
mal watt verrichten will, der möchte sich mal sputen;
die Bahnverwaltung gönnt dir heut' zum Kacken nur
fünf Minuten."
Da kam ein Bayer und schrieb darunter: „Wer diesen
Vers geschrieben hat, der ist gewiss von Preussen. Denn
wer nicht viel zum Fressen hat, hat auch nicht viel zum
Scheissen."
Ein Schwabe liest die Verse und schreibt: „Wer aber des
g'schriebe hät, der is gewiss ein Bayer. De fresse viel
und saufe viel und scheisse wie de Geier."
Einem Sachsen war das zu dumm. Er schrieb: „Seht hier
die deutsche Einigkeit, hier tut es sich beweisen. Dem
einen gönnt man's Fressen nicht, dem andern nicht das
Scheissen."
Ein Oesterreicher gibt seinen Senf dazu: „Wer Fried' und
Eintracht sehen will, der braucht nicht weit zu wandern.
In unserm schönen Oesterreich scheisst einer auf den
andern."
Mein Kommentar: Das waren Zeiten! Das Leben in den
frühen fünfziger Jahren! Das Witzeln damals!!!

Eine fast zeitlose Geschichte

Dr. D. Troschke

Schildkröten krauchen von der Küste
Des schwarzen Erdteils durch die Wüste.
Sind tapsig schaukelnd drei an Zahl.
Die Sonne sticht, Durst wird zur Qual
als sie dann schliesslich nach fünf Jahren
Ganz nahe der Oase waren.
Und jede denkt jetzt nur an's Trinken
Da endlich Mengen Wassers winken.
Vor Freude können sie's kaum fassen.
Da ruft die eine: „Uns're Tassen!
Die haben wir ja ganz vergessen!"
 Wer kann von euch den Schmerz ermessen!?
Da sie so trocken konnten sie nicht weinen;
Sie standen zitternd auf den Beinen.
Da sprach die eine zu den andern:
„Gern will den Weg zurück ich wandern,
Doch eines müsst ihr mir versprechen -
Und keiner darf das Wort dann brechen!
Ich will den Weg zurück schnell eilen
Doch ihr müsst auf der Stelle weilen.
Ich spür' es später an der Nase
Wenn ihr euch labt an der Oase."
Und voller Ernst versprachen beide Kröten:
„Du kannst uns auf der Stelle töten
Wenn wir zu unserm Wort nicht stehen
Bis wir uns später wiedersehen."

EIN MENSCH

Die zweie wünschen gute Reise;
Die dritte dreht sich nun im Kreise,
Nimmt Richtung auf die Küste zu.
Die beiden andern geh'n zur Ruh.
Sie warten Jahr um Jahr - fünf Jahre -
Doch endlich wird's zuviel dem Paare.
Die eine spricht zur andern schliesslich:
„Ist es auch dir nicht zu verdiesslich,
Dass wir hier nur nach ihrem Willen
Nicht soll'n den heissen Durst uns stillen?"
Gesagt, getan, sie torkeln weiter
Dem Wasser näher und ganz heiter.
Da faucht es aus dem Dickicht schrill
Und beide halten plötzlich still:
„Was seid ihr doch für schlechte Kröten,
Man sollte wirklich jetzt euch töten!
Ich hatte es mir gleich gedacht
Dass ihr nur Dummheiten hier macht.
Ich blieb hier sitzen, auf der Lauer
Fünf Jahre - fünfeinhalb genauer.
Ihr könnt das Mogeln doch nicht lassen -
Zur Strafe trinkt jetzt ohne Tassen."

Widmung: „Meinem jungen Freunde Eric (Roeder) zum Andenken"

Alles was mich glücklich macht
M.Kelamus

Auf Urlaubsreisen war ich einst bedacht
Nur einzupacken was mich glücklich macht:

Lippenstift, Lidschatten, Puderdose,
Dazu Düfte, Lavendel und Rose.
Auch Cremetöpfchen für Tag und Nacht.
Ganz einfach alles was mich glücklich macht.

Dazu die Kleider, luftig, leicht und bunt,
Tief ausgeschnitten, mal spitz, mal rund;
Auch seidene Hemden für die Nacht.
Ganz einfach alles was mich glücklich macht.

Schönheitsmittel lass' ich jetzt zu Haus.
Nicht Brauenstift und Puderdose,
Nein, eine woll'ne Unterhose,
Arthrosesalbe, Franzbranntwein
Pack' ich jetzt in den Koffer ein.
Auch Kniewärmer für Tag und Nacht.
Ganz einfach alles was mich glücklich macht.

Dazu Tabletten, Tropfen, Rheumamittel
Und gegen Kälte warme Kittel.
Ein Döschen für's Gebiss bei Nacht.
Ganz einfach alles was mich glücklich macht.

EIN MENSCH

Auch Gummistrümpfe, Kukident
Und Augensalbe wenn's mal brennt.
Die Wärmflasche für's Bett bei Nacht -
Ganz einfach alles was mich glücklich macht.

So hab' in vielen Lebensjahren
Ich einen Wandel oft erfahren.
Doch heut' bin ich darauf bedacht
Nur einzupacken was mich glücklich macht.

Es geht mir gut
Elli Michler

Ich wünche Dir Zufriedenheit,
Du brauchst nicht viel zu haben.
Verbiete nur dem bösen Neid
Dein Glück zu untergraben.
Er treibt dir mit Verbissenheit
In deine Ruhe seinen Keil.
Ich wünsche dir Zufriedenheit
Mit deinem kleinen Teil.
Und schaust du, statt aus einem Haus,
Am Sonntag, wenn die Sonne scheint,
Nur aus dem Kammerfenster 'raus:
Die Sonne hat auch dich gemeint!
Ich wünsche dir Zufriedenheit
Im Einklang mit der Welt,
Und jeden Tag Gelegenheit
Zu tun was dir gefällt.
Ich wünsche dir Zufriedenheit
Und kostet sie dich Mut,
Dann fass' ihn dir und sei gescheit
Und sag' „Es geht mir gut!"

Prost Neujahr
Elsbeth und Rolf Gillardon

Ein Jahr erscheint im Meer der Zeit
Als Tropfen von der Ewigkeit;

Jedoch der Mensch legt auf die Waage
Dreihundertfünfundsechzig Tage -

Die er durchlebte, Schritt für Schritt,
In Freud' und Leid, genoss, durchlitt.

Erlebst des Jahres letzte Stunde -
Allein zu Haus oder froher Runde:

Schau erst zurück, dann froh voraus
Und schreite ohne Furcht hinaus -

In's Neue Jahr, das Gott geschenkt,
Der unser aller Scbicksal lenkt.

Wünsche
Verfasser unbekannt

Ich wünsche dir nicht alle möglichen Gaben.
Ich wünsche dir nur was die meisten nicht haben:
Ich wünsche dir Zeit dich zu freu'n und zu lachen,
Wenn du sie nützt, kannst du etwas d'raus machen.

Ich wünsche dir Zeit für dein Tun und dein Denken -
Nicht nur für dich, nein, auch zum Verschenken.
Ich wünsche dir Zeit, nicht zu hasten, zu rennen,
Sondern Zeit zum zufrieden sein können.

Ich wünsche dir Zeit zum Staunen und Vertrau'n
Anstatt nach der Zeit auf die Uhr nur zu schau'n.
Ich wünsche dir Zeit nach den Sternen zu greifen,
Und Zeit zu wachsen, das heisst um zu reifen.

Ich wünsche dir Zeit neu zu hoffen, zu lieben,
Es hat keinen Sinn diese Zeit zu verschieben.
Ich wünsche dir Zeit zu dir selber zu finden,
Jeden Tag, jede Stunde als Glück zu empfinden.

Ich wünsche dir Zeit auch Schuld zu vergeben;
Ich wünsche dir: „Zeit zu haben zum Leben".

Ein Zwiegespräch

Verfasser unbekannt

Wie geht der Trost des Baumes denn?
Der Baum spricht; sein Trost geht so:
Ich habe Wurzeln gefasst - vor Jahren. Vom Keim zum
Baum habe ich mich entwickelt in den Jahren.
Ich habe mir Zeit gelassen für die Jahre des Reifens
und mit den Jahren Ring um Ring angesetzt. Ich habe all
die Jahre mich streckend ausgebreitet.
Ich habe dich die Jahre hindurch beschirmt und
beschattet. Ich habe es stillschweigend getan, all die
Jahre. Ich habe nun meinen Platz in der Welt. Ich habe
alle Zeit der Welt.
Ich habe nicht die Absicht, Mensch, dich zu belehren.
Ich habe nur noch dies zu sagen:
„Sein geht vor Haben."
Ich habe gesprochen.

„Und ich", sprach der Mensch, „ich habe die Säge."

Symbole für das Leben
G. Roeder

– teils basiert auf Gedanken von I.Kant.

Ein Professor spricht zu seiner Klass'
Während vor ihm steht ein leeres Glas.
Er füllt es mit grösseren Steinen
Und fragt was die Studenten so meinen.
„Nun, meine Freunde, ist das Glas voll?"
„Jawohl", rufen die, „jawoll, jawoll!"

Dann nimmt der Professor Kieselsteine,
Und die füllen aus die Zwischenräume.
Daran hatten die Studenten nicht gedacht.
Sie staunten wie der Professor das macht.
Er fragt sie wieder, „Ist das Glas nun voll?"
„Jawohl, Herr Professor, jawoll, jawoll!"

Doch der Professor nimmt nun auch noch Sand,
Das Glas schüttelt er mit leichter Hand.
Es passt alles 'rein. Ist es nun voll?
„Jawohl, Herr Professor, total, jawoll!"
„Sie haben recht. Ich stimme zu.
Das Glas ist voll. Wir haben Ruh.

Die grossen Steine symbolisieren Ihr Leben,
Gesundheit, Familie und die Kinder eben.
Wenn alles verbrennt und diese blieben,
Sie doch noch Ihr Leben ausfüllen würden.

EIN MENSCH

Sie sind das Wichtigste, Ihr grösster Schatz,
D'rum lassen Sie immer für diese viel Platz.

Die Kieselsteine, die sind weniger wichtig,
Die Arbeit, das Haus und das Auto, ja, richtig!
Doch der Sand nun, das sind die kleinen Dinge,
Ohne die es zur Not recht gut noch ginge.
Es sind die Bücher, die Parties, der Tanz,
Durch sie wird das Leben schön rund und ganz.

Doch füllen Sie ihr Glas zuerst mit dem Sand,
Dann ist kein Raum mehr als unnötigem Tand.
Der Professor ist fertig. Ein Student steht auf,
Kommt vor und macht eine Bierflasche auf.
„Herr Professor, erlauben Sie, sehen sie hier,
Das Glas scheint voll - doch hat noch Platz für ein Bier!"

*Der Himmel hat dem Menschen als Gegengewicht
gegen die vielen Mühselgkeiten des Lebens drei Dinge
gegeben: Die Hoffnung, den Schlaf und das Lachen"
Immanuel Kant
Auch aus Steinen, die einem in den Weg gelegt werden,
kann man etwas Schoenes
machen!*

Das Männer-Ideal
Anonymous

Ich schwärme nicht fur Superschlanke
Mit ihrer Heldenbrust Figur.
Bei denen lebt nur der Gedanke -
Wie geb ich an auf grosse Tour?
Für Muskelprotz mit Möhren-Taille
Und braungebranntem Film-Profil,
Mit aber wenig auf dem Balge
Da hab' ich nicht soviel Gefühl.
Mir imponiert auf jeden Fall
Ein anderes Männer-Ideal.
Schau mal hin und seh ihn an,
Da drüben, da sitzt so ein Mann.
Ja, so ein kleines Dickerchen,
Das wär' mein Ideal.
Ja, so ein kleines Dickerchen
Brauch' ich auf jeden Fall.
Mit dem, da liegt man immer warm
Und lebt ganz angenehm.
So'n Dickerchen bei sich im Arm
Ist irgendwie bequem.
Ist auch der Mollen-Friedhof riesig
Und Brust und Bauch schon einerlei,
Er hat sie beide und wirkt schliesslich
Doch noch ganz imposant dabei.
So'n dünner Hering hat nur Rippen,
Und immer hast du'n blauen Fleck;

Und das sind in der Liebe Klippen -
Der Dicke aber, der hat Speck.
D'rum ist für mich auf jeden Fall
So'n Dicker jetzt mein Ideal.
Ja, so ein kleines Dickerchen
Hat Herz und auch Gemüt.
Ja, so ein kleines Dickerchen
Ist meistens noch solid.
So'n Dünner frisst sich erst mal an
Und ist ein Egoist,
Der Dicke hat schon alles d'ran,
Was doch viel bill'ger ist.
So manche hat 'nen Kerl am Halse
Der Seitensprünge macht,
Fortlaufend ist er auf der Balze
Und sie liegt einsam, Nacht für Nacht.
Da helfen keine Diskussionen,
Nicht Tränen, nicht Krawall,
Da kann sich eines nur noch lohnen:
Fort von dem Kerl auf jeden Fall.
Ist man dann frei - schafft man zum Mann
Sich den vom Doppelzentner an.
Ja, so ein kleines Dickerchen,
Der wird dir treu stets sein;
Der macht zwar gern sein Nickerchen
Und pennt zu früh dir ein.
Behagt dir das Solide im Augenblick auch nicht -
Bedenk' - das Glück ist eingeplant
Bei dem auf lange Sicht.
Ihr Frauen, lasst euch von mir raten,

Nehmt die Liebe nicht zum Scherz,
Aus der wird Ernst mit Spott und Schaden,
Und bricht euch endlich noch das Herz.
Macht es wie ich, nehmt einen Dicken,
Da wisst ihr was bevor euch steht,
Den könnt ihr nudeln, knudeln, drücken
Ohn' dass was kaputt d'ran geht.
Ja, so ein kleines Dickerchen,
Das ist ein Kapital,
das in sich selbst die Zinsen trägt
Und das auf jeden Fall.
D'rum nehme ich ein Dickerchen
Mit allem drum und dran -
Was woll'n sie denn, denn ausserdem
Ist er ja auch noch ... Mann!

Gefahren
Detlev Stiegler

Es war einmal ein grauer Spatz,
Der sass ganz oben auf dem Dache.
Und unten hielt die Miezekatz'
Schon seit geraumer Weile Wache.
Da sagte sich das Spätzlein keck:
Mich kann das Biest nicht überlisten!
Bums! Kam ein Habicht um die Eck'
Holt sich den Optimisten.
So soll es allen denen geh'n,
Die glauben, sie seien die Schlauen.
Man darf nicht nur nach unten seh'n.
Man muss auch mal nach oben schauen...

Das Schreckgespenst
Verfasser unbekannt

Das Alter naht mit Schrecken,
Es zwickt an allen Ecken.
Und im Allgemeinbefund
steht ‚Nicht krank - auch nicht gesund'.
Schmerzen sind wir nicht gewachsen.
Pillen! Heute sind's die Haxen,
Morgen tun die Hüften weh,
Übermorgen drückt ein Zeh.
Heute blutet meine Nase.
Morgen hab' ich's an der Blase.
Uebermorgen ist's der Schlund -
Aber sonst bin ich gesund.
Hin und wieder reisst der Rücken,
Und dann kann ich mich nicht bücken.
Ob's nun Rheuma oder Gicht
Bessern tut's die Stimmung nicht.
Im Gedächtnis gibt es Lücken,
die nicht leicht zu überbrücken.
Für's Gehirn, das einst 'ne Zier,
Zahlt man Abnutzungsgebühr.
Man stellt fest, dass Ohren, Augen
Auch nicht allzu viel mehr taugen.
Zähne, falls sie noch im Maul
Sind auf alle Fälle faul...
Ueberall hat man Wehwehchen,
Von der Stirn bis zum Popöchen,

Und die ‚flu‘, die süsse Last,
Kommt in jedem Jahr zu Gast.
Mal die Galle, mal der Magen
Woll'n sich nicht mit mir vertragen.
Und am lieben Gleichgewicht
Es mir immer mehr gebricht.
Miese braune Altersflecke
Jeden Tag ich neu entdecke.
Schöner wird man dadurch nicht,
Das fällt auch noch in's Gewicht.
Liebe Leute, selbst das Essen
Sollt im Alter man vergessen.
Denn es gibt nichts, wie ihr wisst,
Das gesund ist wenn man's isst.
Was erlaubt ist, ist zum Kotzen.
D'rum will ich den Mächten trotzen,
Die stets auf Diät bedacht,
Was ja keinem Freude macht.
Das Alter hat nicht viel zu bieten.
Wenig Plusse, viele Nieten.
Denn wonach der Mensch auch strebt,
Alles hat er schon erlebt.
Mit den fortgeschritt'nen Jahren
Droh'n uns allerhand Gefahren.
Krebs, die übelste von allen
Kann uns täglich überfallen.
Längst hab' ich gelernt, der Busen
Ist nicht nur ein Platz zum Schmusen.
Wicht'ger ist, man achtet d'rauf
Fällt ein Knotenpunkt uns auf.

Hoher Blutdruck, Herzattacken
Und ein Ueberfluss von Schlacken
sind auch keine Attraktion -
Denn, was hat man schon davon?
Doch was hilft das ganze Flaxen,
Es ist nun mal kein Kraut gewachsen
Gegen Alter und den Tod;
Nur ein Mittel gibt's zur Not:
Um dem Alter zu entrinnen
Und den Wettstreit zu gewinnen,
Mach' schon in der Jugend Schluss.
Das erspart dir viel Verdruss.
Doch das Komische im Leben
Ist, dass wir uns nie ergeben.
Denn im Grunde hängen wir
An dem ird'schen Dasein hier -
Das uns Freuden gab und Leiden,
Trock'ne Wüsten, grüne Weiden.
Und im Rückblick danken wir,
Lieber Herrgott, dennoch dir,
Für das Glück und für die Schmerzen.
Wir bewahren tief im Herzen
Alles, was einst war und ist
Auf uns'rer kurzen Erdenfrist.
Ist der Buckel etwas krümmer,
Werden wir auch täglich dümmer -
Lasst uns gutgelaunt gesteh'n:
Das Leben ist trotz allem schön!

Höhere Finanzmathematik
R. G. Kerschhofer

alias Pannonicus,
ein Wiener Wirtschaftswissenschaftler zu der
Finanzkrise 1930. Alles wiederholt sich! Einst
aus Versehen Kurt Tucholsky zugeschrieben.

Wenn die Börsenkurse fallen
Regt sich Kummer, fast bei allen.
Aber manche blühen auf:
Ihr Rezept heisst: „Leerverkauf".

Keck verhökern diese Knaben
Dinge, die sie gar nicht haben.
Treten selbst den Absturz los
Den sie brauchen. - Echt famos.

Leichter noch bei solchen Taten
Tun sie sich mit Derivaten:
Wenn Papier den Wert frisiert,
Wird die Wirkung potenziert.

Wenn in Folge Banken krachen
Haben Sparer nichts zu lachen.
Und die Hypothek auf's Haus
Heisst, Bewohner müssen 'raus.

Trifft's hingegen grosse Banken

Kommt die ganze Welt in's Wanken -
Auch die Spekulantenbrut
Zittert jetzt um Hab und Gut.

Soll man das System gefährden?
Da muss eingeschritten werden:
Der Gewinn, der bleibt privat,
Die Verluste kauft der Staat.

Dazu braucht der Staat Kredite,
Und das bringt erneut Profite,
Hat man doch in jenem Land
Die Regierung in der Hand.

Für die Zechen dieser Frechen
Hat der kleine Mann zu blechen
Und, das ist das Feine ja -
Nicht nur in Amerika!

Und wenn Kurse wieder steigen
Fängt von vorne an der Reigen -
Ist halt Umverteilung pur,
Stets in eine Richtung nur.

Aber, sollten sich die Massen
Das mal nicht mehr bieten lassen,
Ist der Ausweg längst bedacht:
Dann wird ein bisschen Krieg gemacht.

...alles nur geliehen

Heinz Schenk, 1978

Es ist alles nur geliehen,
Hier, auf dieser schönen Welt.
Es ist alles nur geliehen,
Aller Reichtum, alles Geld.
Es ist alles nur geliehen,
Jede Stunde voller Glück.
Musst du eines Tages gehen,
Lässt du alles hier zurück.

Man sieht tausend schöne Dinge,
Und man wünscht sich dies und das,
Nur was gut ist, und was teuer
Macht den Menschen heute Spass.
Jeder möchte mehr besitzen,
Zahlt er auch sehr viel dafür;
Keinem kann es etwas nützen -
Es bleibt alles einmal hier.

Jeder hat oft das Bestreben
Etwas Besseres zu sein,
Schafft und rafft das ganze Leben -
Doch was bringt es ihm schon ein?
Alle Güter dieser Erde,
Die das Schicksal dir verehrt,
Sind dir nur auf Zeit gegeben
Und auf Dauer gar nichts wert.
Darum lebt doch euer Leben,
Freut euch neu auf jeden Tag,
Wer weiss auf unserer Erdenkugel

Was der Morgen bringen mag -
    Freut euch auch an kleinen Dingen,
Nicht nur an Besitz und Geld.
    Es ist alles nur geliehen
Hier, auf dieser schönen Welt!

Zum Nachdenken

Karin Zimmermann

So mancher Deutsche aus dem Osten
Scheut keine Mühe, keine Kosten,
Damit bei uns er alles findet
Was letztlich alle Deutschen bindet:
Die Heimat, wo man deutsch noch spricht,
Rumänisch, polnisch aber nicht,
Und russisch, tschechisch, darfst vergessen.
Nur er kann voll und ganz ermessen,
Was die Kultur in unserm Lande
Seit eh' und jeh gebracht zustande.
Wie Regen auf die Dächer nieselt,
So wird nun englisch er berieselt.
Am Bildschirm und am Radio
Hört er schockiert und gar nicht froh
Von songs, top-hits für twens und teens,
Von oldies, sounds und evergreens.
Beim power play der keeper hält.
Den boys und girls die show gefällt.
Als wär's ein Trumpf für das Geschäft,
Die Werbung gerne englisch kläfft.
Doch auch die gute alte Zeitung
Hilft fleissig mit an der Verbreitung
Des anti-deutsch, mit dry und pop,
Insider, meeting, soft und shop,
Mit instant, hi-fi, happy, liner,
Und trouble, dressing, look, designer.
Der jet-set sich im night-club aalt,

Der Kunde gern im Center zahlt.
Will man mit jungen Leuten sprechen,
Muss man schon englisch radebrechen.
Auf jeden Satz folgt cool, o.k,
Das tut den alten Ohren weh.
Kein Wunder, dass die deutsche ‚band'
Versnobt sich nur noch englisch nennt.
Im underground der dealer lebt,
Der fixer high im Traume schwebt.
Noch weiter geht's auf diese Weise,
Das Deutsche spricht man nur noch leise;
Den Ami-slang aus voller Lunge
Mit breitem Mund und runder Zunge.
Das Englische ist heute ‚in' -
Für uns're Sprache kein Gewinn.
Man macht uns weis, als könnt' mitnichten
Auf diesen „Sprachschatz" man verzichten.
In Frankreich man französisch liebt
Und englisch aus der Sprache siebt;
Denn nur wer etwas auf sich hält
Den fremden Sprachen nicht verfällt.
Sonst heisst bestimmt einmal ein Quiz:
Wer kann noch Deutsch? Das ist kein Witz.

„Epilogue"

Das Geschenk

Der Mensch von gestern lebt noch heute.
Wenn er auch als moderne Beute -
Altmodisches hat abgelegt,
Er weiter Traditionen pflegt.

Ein Geschenk zur rechten Zeit
Erfreut nicht nur die alten Leut'.
So kauft ein Mensch heut' dieses Buch
Als Mitbringsel. Ist es genug?

Es scheint bescheiden, doch ist's toll
Da es der schönsten Verse voll.
Die sollen Euch, mit heiter'm Lachen
So manche Stunde Freude machen.

Eure Gisela